MAR EN LOS HUESOS

A MANERA DE PROLOGO:

TRES APRECIACIONES CRITICAS

MAR EN LOS HUESOS, entra en la tradición de lo que Carolyn Forché llama la poesía testimonial: una poesía que no sólo se enfrenta a la injusticia, sino que intenta dar cuenta de la historia colectiva vivida — es el poema como rastro, como evidencia. El cuarto poemario de Juana Goergen, representa la cumbre de su obra, alcanzando aquel horizonte al que la poeta se ha estado aproximando desde que soñó la reconquista en su canto a Walt Whitman. Aquí recupera el pasado ancestral del Caribe, dándole voz a la memoria Taína y a las tradiciones africanas "para que se despierten los Zemíes y en el Caribe recordemos el origen." El resultado es toda una proeza lingüística: una cacofonía de voces, casi un poemario bilingüe, en que el trabajo de recolección logra re-componer lo que la vida ha separado. Si recordar, como afirma Eduardo Galeano, supone volver a pasar por el corazón, Mar en los huesos ejercita el recuerdo generando el tipo de memoria colectiva que, como nuestra gratitud por sus palabras, no termina. Dr. Silvia R. Tandeciarz, College of William and Mary, EEUU.

EN este poemario, la injusticia del pasado colonial se concreta en versos de un lirismo que no se circunscribe sólo a referencias míticas. En él, la voz poética traza otra topografía de la literatura y sus cánones. El aparataje del verso subraya la realidad desde el mito y desde el lenguaje, y también la subraya desde la realidad del sujeto colonial y su resistencia cultural y vital a todo imperialismo. Conmueven hasta el llanto los mundo-poemas de Juana Iris, y conmueve la palabra, las decisiones retóricas, los paratextos y el poder que guarda la poesía ante la injusticia. En Mar en los huesos, lo metapoético es ético. Grandísimo. Dr. Natalia López Vigil, Universität Basel, Suiza.

MAR EN LOS HUESOS, nos muestra que el pasado remoto no es tan remoto, que la resistencia humana es casi siempre más fuerte que la represión histórica, y que el lenguaje poético nos libera. Hay versos en este bellísimo poemario que me hacen pensar en otros versos — los de Claribel Alegría (Saudade), de Julia de Burgos (La verdad sencilla), y por supuesto, de Eduardo Galeano (Espejos); y hay otros que son incomparables. Como los huesos ancestrales que resurgen en la segunda parte del libro, el lenguaje de esta poeta 'no se rinde.' Nos re-conquista. Nos pide leer en voz alta. Y más que nada, nos empuja hacia un profundo re-conocimiento humano. Dr. Teresa Longo, College of William and Mary, EEUU.

Para Lukas y Karlos y Adelina: Raíces

En el año 2011, un genetista, amigo entrañable, me pidió que le ayudara donando mi material genético para un estudio que en esos momentos realizaba. Acepté. El resultado de mi estudio de ADN, presentó porcentajes significantes de material genético de pueblo originario taíno y de material genético africano carabalí. Ese descubrimiento dará vida a estas páginas. Con el derecho que me concede la sangre, quiero dar voz en mi voz a la voz de mis ancestros, para que se despierten los Zemíes y en el Caribe recordemos el origen; o para que el Aché, la energía primigenia que nos llegó del África, circule libremente y se despierten danzando los Orishas.

Desde mi verdinegra serranía
hoy vengo a ti, Caribe soñoliento
ansioso que me bese el pensamiento
tu boca de limón y travesía.

–Juan Antonio Corretjer
"Mar Caribe"

Escribo
para que el agua envenenada
pueda beberse.

–Chantal Maillard
"Escribir"

KÚ
TEMPLO

Capítulo X:

Cómo, los cuatro hijos gemelos de Itiba Cahubaba, que murió de parto, fueron juntos a coger la calabaza de Yaya, donde estaba su hijo Yayael, cuyos huesos se habían transformado en peces, y ninguno se atrevió a cogerla, excepto Deminán Caracaracol que la descolgó y todos se hartaron de peces. Y mientras comían sintieron que venía Yaya y queriendo en aquel apuro colgar la calabaza, no la colgaron bien, de modo que cayó en tierra y se rompió. Dicen, que fue tanta el agua que salió de aquella calabaza, que llenó toda la tierra, y con ella salieron muchos peces; y de aquí dicen que haya tenido origen el mar.

—*Fray Ramón Pané,*
Relación acerca de las antigüedades de los indios.

I

Cuando Deminán Caracaracol rompió la calabaza,
de los huesos de Yayael el arquero nacieron islas
un collar de islas se derramó de las aguas.

Del Caribe bullicioso nacieron.
De los huesos de Yayael nacieron.
Y el manatí, estarei tei, reluciente y quieto,
fue nombrado rey de aquellas aguas.

Tiempo después el ombligo de Yocahú pariría un Toa,
pariría todo el Toa de una vez
—mujeres, niños, hombres, árboles y animales—
        naciendo juntos
en el gran parto que iluminó los cielos y la tierra.

"Guariquen nabori guariquen."
"Ven a ver guerrero ven a ver,"
        —cantaban los sinsontes—
en el primer areyto que se oyó en las islas.
"Cocú, cocú, cocú." La luz, la luz, la luz
        —se oía al zumbador en la montaña—

Más tarde
cuando los falsos dioses envenenaron a Yocahú
y el mucarú, que también es múcaro y lechuza,
proclamó tres veces su nombre:
"Yocahú, Yocahú, Yocahú."

En la noche que desde entonces reina,
se oyó a los taínos:
"Uá anaquí, mayaní macaná, Bagua."
"No enemigo, no matarás mi mar."

Se alzaron los guerreros.
Caciques y cacicas que llegaron al mundo,
con un pedazo del ombligo divino entre los dientes.

II

Guamikeni anaqui ciguato Yocahú.
Señor de tierra y mar —enemigo, que envenenó a Yocahú.

¿Por qué tú, Señor?	Banequé Bajarí
Lucero de la mañana.	Bajacú
Animal sin pareja.	Baracutey
¿Por qué tú?	Banequé
Arco para disparar flechas.	Bairá
Hilo para canastas.	Bijao
¿Por qué tú?	Banequé
Piedra grande.	Bosiba
Cordel más grueso que la cabuya.	Bayabé
Envenenado.	Ciguató.

III

Boricua se llama el pez en arauaco.

Boricuas,
somos los peces nacidos del ombligo de Yocahú.
Somos los naborias olvidados en nuestros árboles.
Llegamos con el silencio por las hojas
para tomar la flor
En el latido arterial de la carencia nos levantamos:
Arrayán, Guayacán, Balatá, Ceiba.
Caimito, Tabonuco, Alelí, Bitangueira…

Boricuas,
somos los peces creciendo agallas
para soltar el cuerpo al agua o a las aguas,
si mansas o si en nudos poco importa.
El mar vibra en los huesos,
el pecho guarda gotas de ámbar tibio
y florece el aliento en caracolas.

Boricua eyeri/ Boricua igneri   Boricua hombre
Boricua guariche   Boricua hembra
Boricua,   Boricua,
guamaracha guatú   hembra de fuego
Boricua guaili   Boricua niño

En el origen tutelar del límite: pez,
pez insumiso en sus aguas.

Boricua principio y fin.
                          Boricua cimú.

IV

Alimentado en los senos de Itiba Tajubaba
que es también Atabey, Guabancex,
Mamona y Atabeira,
–tal vez, demasiadas madres
para poder alcanzar el impulso de la especie–

Culpadas todas de haber dejado
que te crecieran cuerdas en el pecho
allí donde habita la ternura
y la sangre se estremece y canta,
allí donde nacen la luna y los naranjos, cuerdas.

En ti, Guahayona
no había sol ni había mar,
sólo una herida abierta
en las primeras noches de este mundo.

"Escúchame hijo, dijo Atabey,
ese olor que dejan las guayabas podridas al abrirse
–Tey maku, quieto sin ojos–
es un temblor de arena sobre llamas,
es naiboa, el jugo venenoso de la yuca brava
y es incendio de sol en tu altamar derrocada.

Nitayno uará, noble tú,
pese al grito en la humedad de la piel y en la garganta.

Vendrá la ola que está cerca.
Vendrá su intacto resplandor para sanarte.

Guabonito,
poseedora del secreto de cibas y guanines
en el deslinde del amor primero
surgirá del fondo de las aguas del Caribe,
y lamerá tus heridas con salitre
y curará tu piel con hojas del sagrado Guayacán.

Tú, nacerás de nuevo: "Albeorael Guahayona."

Nitayna matún guá. Noble y generosa ella
—lugar de muchas piedras, de mucho oro—

Guariche tequina, mujer maestra
en el ardor azul de las aguas.
Mujer anclada a la orilla de tu pecho.
            —Ro.tureyguá. Amor celestial.
            —Uará baberoni. Tu vasija de higüera con agua.
            —Caracurí uará. Tu joya.

Ella, desatará las cuerdas de tu pecho,
—adornándolo con el primer Guanín de las islas—
Ella, te enseñará a labrar
y a usar las cibas, las piedras y los cuarzos,
y ella, te llenará las manos de caracoles
color rosa nacarado.

Una mano de mujer te hizo
y otra mano de mujer te dio la vida.

—Daca guatiao, dijo el cacique.
Yo, yo soy, el que como yo se llama—

Ya estaba sano.Y se fue. La dejó sola.
    —Jubo/Culebra. Carite tiburón.
    —Sanaco maku. Tonto sin ojos.

En el borde inferior del Guanín
podía verse su corazón latiendo por otras mujeres.

Después un abismo, y una herida muy honda
como abierta en la agonía del amor.

Más abajo el mar azul, azul, azul, azul de ensueño.
Allí   todavía espera   Guabonito   desolada.

V

Desde el principio, la yuca,
desde el origen en Amauyama.
Vivir era el oficio de irle descubriendo
entre lo cotidiano y adentrarse en la pura geometría
de su jugo dulce o venenoso —yare o naiboa—
y era adentrarse en las delicias del casabe
—jau-jau, pan fino—

En ella lo transparente se vuelve inevitable
—cobra colores, formas—
se viste abiertamente en otras realidades
a probables futuros de la forma y el tacto.

Cuando en la guerra quemaron al Zemí Baibrama,
dicen que después,
lavándolo con el jugo dulce de la yuca,
le crecieron los brazos y las piernas
y le nacieron de nuevo los ojos
y le creció otra vez el cuerpo.

Por eso en el banquete me lanzó a la aventura.
—Naboria yo— me despliego sin prisa
a una suerte voraz ante sus formas,
las engullo siempre con ojos cerrados
y corazón de yuca, abierto.

VI

Somos, cielo enterrado a golpes de raíces en el ala de
arena que lo engarza. Goeiz, el alma de los vivos, tiene
dueño. No escuchamos la advertencia y Maketaori
Guayaba, el dueño del Coaybay, está triste.

Hablamos la lengua de los tayras y abrazamos su falsa
promesa. Maboya, el espíritu maligno, deshebra el
surco del tabaco con los ojos abiertos. Sus manos
dibujan ombligos a los muertos con tintas de achiote y
jikileti.

No hay equilibrio. Cualquiera de sus rostros
podría prolongarse en nuestros dedos.

VII

En la plaza de Yara los escombros.
El estupor de los sueños devorados en Caobana.
La espiga mutilada
y la orfandad del fuego en la memoria.

Borikén llora, Boío/Kizkeya llora, Haytí llora.

Maketaori Guayaba
dueño del Coaybay donde moran los muertos
ha venido a buscarlo.

Na.an uará. En el centro tú.
Na.an daca. En el centro yo.
Na.an caona. En el centro el oro
tragándose el aroma de los huesos
que se deshacen en cenizas.

"Si hay españoles en el cielo, no voy,"dijiste
"Guaibá maboya. Vete espíritu malo."
"Guarico guazábara. Venga el combate."
El fuego besando las uñitas encorvadas
del pie izquierdo, la lengua de sus llamas acariciando
piernas, muslos, pubis humeante.

En la raíz húmeda de tus ojos tiembla la hoguera.
Tórax adentro, anegado de mar insomne
te desprendes Hatuey
o te pierdes a solas en el eco ausente de tu nombre
que se impone en la tarde
a fuerza de silencios.

VIII

Radical, como prefijo significa cosa —yo— lo necesario
como afijo, es contracción
sombra plegada que escapa de lo que aún eres,
      Diego de Salcedo
o de lo que estás apunto de dejar atrás,
en el río que te sirve de espejo.

Sangras. Se detienen tus pulmones bajo el agua.
      Los tayras no son dioses.
"Se acaba el mundo" —dicen, tú lo acabas.
Tu yo entregado a lo que es justo
corroborando
lo que es cierto
lo   que   vale.

IX

Anacaona guarico jibá.	Anacaona, ven al bosque.
Guariquen areyto yari.	Ven a ver el ameno lugar
	−para el areyto−
Guariquen taguagua.	Ven a ver los aretes de oro.
Guariquen Caonabo.	Ven a ver a Caonabo.
Anacaona guarico areyto.	Anacaona, ven al areyto.

Guarico Anacaona.	Ven acá Anacaona.
Uará, guamo.	Tú, trompeta de caracol.
Uará, mayna caona.	Tú, jardín.
Uará, Guanabacoa:	Tú, lugar de palmas altas
guarico, osama.	−ven, oye−
Anacaona, osama guajey,	Anacaona, oye el güiro
osama maraca,	y las maracas,
osama mayoyoacán,	oye el tambor de madera,
osama jabao.	oye la música.

Uatiaos iucaieke	Los amigos
Boío/Kizqueya,	de Boío/Kizqueya,
tayno, ja	los buenos, de este modo
macaná maboya	mataremos
	al espíritu maligno
macaná anaqui	mataremos al enemigo
macaná	mataremos
tuyra tayra	al maléfico genio cristiano

ja
uará-guti,
uará-guti ona
uará-guti raim,
uará-guti roka
araguaca areyto.

así, —de este modo—
con tu pie,
con el talón de tu pie
con los dedos de tu pie
con la planta de tu pie
bailando en el areyto.

X

Ha llegado el bojike.
Tiemblan sus manos alzadas,
manos sabias de insistencias y declives
de manejos de casabe y cojibá
−pan y tabaco para los dioses−

Anaqué. ¿Por qué?
Najanequé. ¿Por qué ellos?
Nanequé. ¿Por qué yo?
grita el bojike y se sopla las manos y aspira el aliento
como si sorbiera el tuétano de un hueso.

Ha llegado la sífilis. Yaya, la sífilis, impera.
Han llegado las lluvias. Para, la lluvia, impera.
Cuatrisquie,
el Zemí que acompaña a Jurakán Guababancex,
ha soltado los vientos y las aguas.

En el Guavate oscurecen las nubes.
En las montañas de Urayoán y las de Guarionex,
Boinayel,
−Señor que es llanto y lluvia−
no para de llorar.

En el pico del Yunque, Yukiyú, el Señor de la yuca
no responde a las ofrendas.

"Mayaní macaná Jurakán. No nos mates Jurakán,"
suplican todos.

Contorsionando el cuerpo, el bojike entona el canto,
luego escupe tres veces –tzu-tzu-tzu–

–Yukiyú jan, Jurakán uá. Ja catú.
Espíritu bueno sí,
Espíritu malo no.
¡Así sea!–

XI

Batú ciba batey/La pelota dura como piedra está en el batey.

−1−

Ni los pequeños muchachos
que aproximan la sonrisa
antes de que el juego los acabe devorando.

Ni las mujeres
que construyen la pelota
con manos toscas por la labranza y el casabe.

Ni las gumarachas
−mujeres de mal vivir, hembras de fuego−
paseando su descaro frente a los jugadores,
vientos de mar que esculpe al arrecife
que rompe a la montaña y suda ríos.

Ni los operitos del Coaybay
que se sientan sobre los vivos en Caguana,
−para degustar la urgencia−
con los paladares de sus huesos.

Ni los Zemíes,
−ávidas piedras de luz cerrando el círculo−
paralelamente o perpendicularmente
como un fragmento en una rama en vela.

Sólo Ellas conocen el origen del Batú
en las plazas del juego y de la música
−giauba fuerte, giauba sonora−

Ellas, Atebeane nequen,
−las honorables− Ellas lo saben.

"Batú ciba batey" es una dada señal alucinada.
Una doble señal significante:
El encuentro de ti, con tus posibles.

XII

Batú ciba batey/La pelota dura como piedra está en el batey.

–2–

Sin manos
serás más azul
más agua
más principio.

Vibrante conjunción. Ecuánime en lo exacto.

El mar
llevará tu nombre en cada espuma.
La multitud de vivos y de muertos
acudirá con precisión a la razón de tu principio.

En el Batú,
surges desde el fondo de ti mismo.
Trasciendes el mero transcurrir del acto.
Atebeane nequen, –las honorables,
enterradas con sus caciques– Ellas lo saben.

En el Batú
Todo eres tú
tú, lo eres Todo.
El Toa –río grande– se parece a ti.
Imagen y semejanza.

XIII

Ellos hacen crecer las raíces de la yuca.
Curan enfermedades.
Alejan espíritus malignos.
Hablan mucho nuestros Zemíes.
Son muy habladores.

Les gusta cantar la canción del párpado sin ojo,
la de la niebla en la pupila y la de las ciguapas
sumergidas bajo aguas azules.
Por eso los enterró bajarí Güaybaná,
para que los tayras enemigos,
no supieran la oculta mañana que esperamos.

Hoy, sobre el rostro del tayno llueve sangre.
Su rabia inunda el cielo.

"¡Oh Zemíes de la intemperie!
Estoy aquí para desenterrarlos.
Soy Guamany, el arquero de Guaynabo."

"¡Oh Zemíes de la intemperie!
Cuando Güaybaná llegue a Caparra,
domen al caballo blanco,
hagan pedazos los cascos relucientes en el rayo
y dejen que yo, Guamany, el arquero de Guaynabo,
remate su cuello con mi flecha."

XIV

¡Ay, prófugo del tayra.
Ay, prófugo del enemigo cristiano!
¿Quién conoce la geografía de la sombra?

—¿Opiyelgouvirán? ¿Opiyelgouvirán? —
¿Serán ellos, esos que de repente
te llaman por tu nombre?

Liberado en las pupilas de la noche
saltas de piedra en piedra,
Zemí-perro que corre
atrapando cocuyos en cualquier parte del río.

Guay Opiyelgouvirán.
—Cuidado Opiyelgouvirán—
Teytoca.
—Estate quieto— No vayas a acercarte.

Toda palabra suya es simulación o ruina.
Vinieron a dar muerte a los Zemíes.

Han pactado extraviar nuestra memoria.

XV

Sé
que dormían juntos en jamacas
hechas de hilos de algodón
y de cabuyas torcidas.

Najanequé. ¿Por qué ellos?

Sé
que todos asistimos a su areyto
que el bojike los bendijo:
"Ro.tureyguá." "Amor celestial."
y les entregó el joyel sagrado: un hombre sobre el otro.

Najanequé. ¿Por qué ellos?

Sé
que juntos iban a labrar el kunuku,
que los dos eran arqueros,
que les gustaba la guaracha
y en el baile, se decían uno al otro:
"Tequeta ni ro. tequeta." "Mucho mi amor, mucho."

Najanequé. ¿Por qué ellos?

Sé
que cuando los tayras los vieron
les quitaron las naguas
y troncharon con fuego su jamaca

Sí,
sé que los tayras odian a los hombres con naguas
—los Naguacokios—
porque los llevaron al mar y los ahogaron,
cortaron sus raíces.
Sus ecos verticales
donde bullía ávida la tormenta
y se vertían en jugo dulce de yare.

Anaqué anaqué najanequé.
¿Por qué, por qué, por qué ellos?

Haz de luz extraviado en éxtasis de amar,
sus naguas de algodón, son un poema errante.

XVI

La corriente arrastra oro. La corriente está ensangrentada.
—Juan Antonio Corretjer

Se hacían llamar Taynos, es decir, buenos y nobles.

Eran hermosos. De piel cobriza y largo cabello negro.
Eran lampiños. De estatura regular. Pies y manos
pequeños. Su rostro era grande y ancho. Su frente era
pequeña -inclinada hacia atrás por las vendas de
algodón que llevaban al nacer-. Tenían labios medianos
y comisura alta. Sus ojos eran negros, grandes,
almendrados. Eran de pómulos salientes. De nariz
aguileña y recta, dicen unos, de nariz achatada, dicen
otros. Se bañaban mucho, varias veces al día, y
acostumbraban a estar desnudos. Cubrían sus cuerpos
con aceites y grasas vegetales y con achiote y con tintes
de colores. Las mujeres casadas o las que tenían
pretendientes llevaban naguas. Las cacicas llevaban
naguas hasta el tobillo. Eran expertos en el uso del arco
y de la flecha. Aunque esparcidos por las islas, eran un
sólo pueblo. A esta isla la llamaban Borikén, tierra del
valeroso señor, guardarraya que detuvo la invasión del
enemigo.

"Oubao Moin," isla de sangre, la nombraban
temblando los caribes.

Era
        una tierra
                Sagrada.

"Oubao Moin," repitió el poeta, mientras temblaba en
la cárcel su entraña. Y mencionó los ríos por su nombre.
Y engranó el universo en espirales de gloria y de
alabanzas.

Es
       una tierra
              Sagrada.

Los pájaros, vuelven a posarse
en las ramas de la claridad de su isla-nido.

Y el corazón del pez
pende de la punta del tuétano de un árbol
–tronco de Ausubo– en los huesos del mar.

II

AWA
ALMA

Al comprarlo se le revisaba previamente su condición física, atendiendo a cualquier posible lesión, el estado de su dentadura, sus antecedentes, y al momento de fijar el precio, aparte de estas circunstancias importaba saber si recién había arribado del África (bozal) o si era nacido en América (ladino o criollo). En los contratos de compra-venta, el esclavo era un objeto. Eran nombrados: piezas de ébano, piezas de Indias, piezas. Eran vendidos del siguiente modo:

Alma en boca: Significaba que la pieza de ébano era vendida en pleno uso de sus facultades, es decir, sano y con óptima predisposición para el trabajo.

Costal de huesos: Que podía el negro, pieza de Indias, tener enfermedad oculta, de la que no se hacía responsable el vendedor, a menos que fuese epilepsia.

Con todas sus tachas: Que podía resultar ser después, un fascineroso, cimarrón, de lo que tampoco se responsabilizaba el traficante negrero.

—UNESCO. *Introducción a la cultura africana en América Latina.*

I

El olor de los barcos azotando las orillas.
Negro cendal. Negra leyenda del africano.

Las zarpas duras de las olas,
maduras en la sal de su mirada.
Su esencia errante, en colinas de escombros
llega al Caribe, ausente a todo cuánto late.

Su brújula es salitre y vómito.
Su vela un sueño marchito en el sendero.

II

Se vende pieza de Indias.
Se venden piezas de ébano.
Se vende negra conga y negro carabalí.

Se venden
casi de regalo al final del espectáculo
Un ala bate su canción lejana de flores amarillas
por la marca del carimbo y por el pie quebrado.

Negra conga. Negro carabalí. La brecha de una herida
dejó palomas muertas en sus ojos,
nueva fronda en su pecho
y caminar de angustia en sus rodillas.
Sin poder detenerse. Golpeados.
Las horas desgarran la amapola de sus venas,
por el fuego del látigo en la espalda
por la nariz torcida y el veneno del amo en las entrañas.

Aún no salen del espanto.
En las islas, aún buscan su grigrí entre las aguas,

Aún tiemblan sus manos asombradas.

III

Así nació el tambor
como delirio de pura lejanía
y retumbaron la bomba y el bongó
y llegaron los ñáñigos-carabalí
y los mandinga llegaron
y los dahomey
y los ashanti
y los yoruba
y los congo, llegaron.

Su oído de tambor multiplicado en canto.

Hace un tiempo infinito dejaron caer lágrimas
como dejaron caer al mar sus huesos,
para encontrar la orilla.

Muntu, Muntu, Muntu.
 –Hombres/Personas/Pueblos–
que el mar trajo a las islas
senderos de sus manos en cadenas.

En las orillas se alza Oyá, reina del cementerio.
En las orillas, Awa, –el alma–
ha aprendido a vivir a sobresaltos.

¿Adónde? ¿Adónde se han escondido sus Orishas?

Orí, que es también Olorún y Olòdúmàré
previo conocedor de su destino
eligió para ellos la Isla de los palmares en flor.

Mañana, madrugarán de nuevo.

La rigidez de las piernas
los ásperos sonidos del látigo
los barcos saturados como un ahogo, no importan.

Ha nacido el tambor. Han vuelto los Orishas.
Eleguá, ha abierto los caminos.

¡Muntu, Muntu, Muntu! Se oye el canto.
Ya no duele delirar una flor a solas.

Sus manos, son Awa, son tambor.
Son todo un mar de huesos, renaciendo.

IV

Ha crecido lomo
que no espalda.

En este mar
desenterró los huesos
de sus ancestros, Egúngún.

En esta isla
tragó hiel de amarguras
pero impuso el manantial
de sus Orishas.

En el cañaveral
ungió el latido de su pie torcido,
de su nariz quebrada.

Florece en el tambor de cada oído
en cada ritmo del Bembé, florece.

Huele a mar y a salitre de esta tierra.
Lleva el pelo de caña incrustrado en la piel
y en las entrañas.

Hizo Ebbó, sacrificó cuando le fue preciso.
Sobrevivió los barcos, los golpes, las cadenas.

Sobrevivió.

No se rinde.

V

Bajo las ramas de la sagrada Ceiba
vivimos el resplandor de la sombra.
Su sombra negra es geometría
de la luz que no se ve.
Allí todo chorro de negritud, es poco.

VI

Ay ay ay, los pecados del rey blanco
lávelos en perdón la reina negra.
                                    —Julia de Burgos

Yetunde–Marta llora.
Llora Yetunde–Marta
y los barcos repletos de congos y yorubas
fluyen de sus ojos negros.

Llora barcos.
Llora, contemplando el azul mar
en los ojos de su nieta cuarterona.
Azul
gélido y detenido
como los temidos–amados ojos del amo blanco.

Yetunde–Marta llora
llora barcos
para lavar los pecados del mar
y navegar una vez más con sus hermanas negras
en el mar que redimen sus lágrimas
por los ojos azules de su nieta, casi blanca.

VII

...por la encendida calle antillana
va Tembandumba de la Quimbamba.
—Luis Palés Matos

Hombres, buscando verla derrotada, sacudida de dolor.
A 2, a 4, a 6, a 8 brazos repiten el invento:
hombres barcos
jugando a encallar en su cuerpo de guajana.

–A golpes
de golpes barcos,
de certeza de futuros golpes,
de golpes melao melaza, por el acantilado del sexo–

Y ella que no se rinde. Ella que se resiste –naúfraga
de una tierra con un sinfín de ceibas arrancadas
–labios y lengua en abusos detenidos.
Sus huesos dan al mar que se tiñe de rojo
–negra inédita, miel de nusgo,
ñáñiga que se vierte en raíces de mar–

Nunca llegó a las islas.
Renacieron sus huesos en Yemayá.

–Tembandumba, la escapada–

VIII

Más allá del delirio y del eclipse, ha atravesado el mar.
Ha persistido en la lluvia que ciega los palmares
en el Awa del hijo que vuelve hasta Kikongo
               −aunque está muerto−
Ahora está donde haya miel, donde haya música,
en el espejo del agua de la fuente,
en el espejo claro del remanso, y el de la siempreviva.
Está, en el leve esqueleto azul del mar cortando versos
olorosos a plátanos maduros en el aire.

Olorosa a plátano ella misma,
entona un himno fúnebre en Yoruba:
               − "Maa ko kigbe iya ṛe, ma ko ṣokun mọ."
               − No lo llores madre, no lo llores más.
               − "O yoo Gui nea, Gui nea ti wa ni lilọ."
               − Se va a Guinea, a Guinea se va.

¡Tantos años con deseos de dar un grito
por la soga del ancla y las amarras!
¡Tantos años de Bomba
para matar las hormigas del alma!   ¡Tantos años!

La flor de sus manos pasa a la boquita yerta y no llora.
Concentrado su grito en Baquiné.
Concentrado su grito en Egúngún:
"Ohe eé, Ohe eé, Oheeé, Oheeé...."

Más allá del delirio y del eclipse ha atravesado el mar.

Ha persistido.

IX

Como pájaro herido traicionado en la ternura
resiste el verso hasta las lágrimas.

Dicen que los Orishas alguna vez fueron humanos
y Ella lo perdió todo:
su reino, sus alhajas, su hermosa cabellera.

En los huesos del mar otra arcana Presencia,
en olas de energía
fustiga al viento con su aliento para abrazarla a Ella,
−raíz de soledad que se ha pensado Nadie−
mientras vierte su llanto en el rostro del río.

Subida la marea: un grito, un soplo, un encuentro,
que arropa sus pesares y arma el rompecabezas,
la nomina en su centro.

−"No llores más Oshún, tú, la más bella.
De hoy en adelante, te pertenecerá todo el oro que se
encuentra en las entrañas de la tierra. Todos los corales
serán tuyos. No te atormentes más, mira,
¿ves mi cabellera? Es tuya, hasta que la tuya crezca."−

La tierra saltó en chispazos de roca y de granito
por lo que no se olvida
por lo que deja el amor grabado en las paredes íntimas,
y por la estrella amarilla
grabada en el horizonte mortal de la pupila.

En su trono dorado, Ochún sonríe
—lo sabe el arrecife, la ola en albedrío—

"Recuérdame, —dice—
en un ida y vuelta de pájaros perdidos
al filo de la piel de una sonrisa."

En su trono de caracoles, Yemayá sonríe
artesana del agua que se yergue sobre las lágrimas.

"Encallarán, —dice—
los ojos en arrecifes de olvido
la desmemoria se comerá los días,
pero tú, encuéntrame Oshún.
Vuelve a encontrarme para siempre,
en el sexto verso de este poema."

X

En el círculo concéntrico del sexo
la esfera del reloj
se cierra en duermevelas.

El arco de su cuerpo
se desborda en el hueco de la Antilla
un día 13 —mi número de suerte— será mujer
seis meses más tarde, un día 13
-su número de suerte— amanecerá hombre.

Las horas se agigantan tragando la rutina,
la corteza del alma, los pies en retahíla.

Los astros del amor polifurcan deslumbres,
asombros
maravillas
y llenx de energía, es hombre y es mujer,
Orisha andrógino.

Su nombre se arcoiriza —Òsùmààrè—
para juntar el cielo con la tierra.

XI

En el espejo que une este mundo y el otro te paseas
mandinga Mackandal
y junto a ti, nos paseamos todos en fila india,
acompañados del ritmo
de látigos silbando.

Al ver los látigos, los tiranos murmuran:
"Por aquí está pasando la justicia."
—Pero no—
tú sabes que no
yo sé que no
nosotros, sabemos que no.

Esos látigos que silban como hacha al viento llamando
a Gédé, —Iwas sin compasión que traen la muerte—
van trayendo otro mensaje justiciero:

> —¿Tor o réson?
> —¿El bien o el mal?

dice Èzilí Dantò-Erzulí Freda
y Damballah Wédo contesta:
> —Pile nap, pile yo.
> —Aplastados, aplastamos.

Rugen los dieciséis tambores.
Se alzan nuestros Iwas nacidos de la rabia,
contra esos tiranos, que sembrando su flor,
arrancaron la nuestra.

XII

–¡Qué fácil conclusión engloban,
qué leve levedad invicta!–

En la escuela se aprende
que los abolicionistas eran criollos,
hijos de familias pudientes
que liberaron a todos sus esclavos
que compraban negritos
–25 pesos antes de bautizar
y 50 después de bautizados–
que fundaron sociedades y periódicos
que exigieron la abolición en las Cortes españolas
que fueron a la cárcel
o que fueron exiliados por llamar a la esclavitud,
"Ultraje."

–¡Qué fácil conclusión engloban,
qué leve levedad invicta!–

Lo que no se aprende,
es la llama que encendió esa mecha.
Verbo de lo preciso en lo impreciso,
múltiplo de lo inconmensurable,
la labor es más antigua que la casa.

Nadie los liberó. Ellos se liberaron.

Sin manos, sin orejas
quebrado el pie y la nariz torcida
la argolla y el ramal de 12 libras
–cargado por dos meses después de 100 azotes–

la fuerte luz siempre encendida sobre los barracones
los barracones con candados y cerrojos
vigilados, siempre vigilados.

−Por cada esclavo que se resignó,
hubo 10 que se volvieron cimarrones−

Qué no olviden los huesos de la órbita inmóvil
el poro que revela equilibrio en la imagen
el código que multiplica el viaje
la gota que precedió a la lluvia.

¡Nadie los liberó. Ellos, se liberaron¡

XIII

En Loíza, El burén de Lula

Lula hace maravillas. En el hueco de sus manos
amasa mundos de yuca y de coco,
de plátano y de jueyes.
Un paso suyo
nuestro
mío
que horada la tierra para grabar huellas
raíces de casaba y de mofongo
que son también raíces de piel
de huesos
de baile
de palabras

—"Mi mamá me enseñó a cocinar todo esto, dice.
La magia está en la manera noble de mezclar sabores.
El burén, se encarga del resto." —

XIV

La mentira prevalece, la mentira….
—Aimé Césaire

Envueltos en humo de tabaco y agua Florida
de par en par abiertos los huesos de su cuerpo
de par en par el sueño, invicto en el vientre de los peces
no hay barcos
ni sogas
ni látigo en su arcilla
no hay carimbo
ni amo
ni pájaros intranquilos en su alma
ni la furia generosa de las milicias.

No hay estereotipos.

XV

Todo está hecho de Aché y con Aché todo es posible.
—Marta Moreno Vega

Color incoloro suave
suave crujir
que se pega a los labios
que se pega a las piernas
suave crujir de hojas
que acaricia la piel del día
brillo fuerte
oscuro y fuerte ruido
crujir de estrellas
que calienta la piel del aire
y me pule las manos y los sueños
de energía
con olor a mis abuelas
y que sabe a mí
y que corre por mi piel
de algodón
de sol
de ébano
de energía
que circula constantemente
hueso adentro hasta la médula
hasta uno no ser
hasta uno dejar de ser

para volver a ser completamente
color incoloro suave
brillo fuerte
de energía que circula
una vez más
mordiéndose la vida
18
36
54 pulsos de energía
con olor a mí
siempreviva
para honrar a mis ancestros
para despertar a los Orishas
para tocar a Olofí
en los huecos deformes
después del fuego
y para volver a hallarle
en Ílé Ífé o en el palacio de Potala
o en Troya, o en Ankara o en Dachau
rescatando del olvido
mis cenizas.

III

BAGUA
OMI
MAR

Y cada ser humano, por su parte, es el mar o el océano de un planeta, pues el 71 por ciento de su sustancia consta de agua salada, como el 71 por ciento de la Tierra está cubierta por mares y océanos.

–Elizabeth Mann Borgese

I

Hasta que los leones tengan sus propios historiadores,
las historias de cacería seguirán glorificando al cazador.
                                        −Eduardo Galeano

Descuajados de entrañas
con ruidos que se esconden en la raíz del mundo,
linajes
honduras que intento sostener en la palma de mi mano.

Hombres y mujeres de emplazados dialectos
son mi trama.
Escribo sus raíces en un libro para que descansen en él.

La brisa trae vientos de otras tribus a mi frente,
radiantes
como la estrella verde que pegamos
en el vidrio-mar de las islas

y brilla
            cada noche
                        al trasluz.

II

...*y el martirio como un mar, los inundaba.*
—Julio Cortázar

Viento que nos empuja a mar, a amar,
a martirios de mar, de amar
donde todo renace y se desploma,
en el grito repetido en todos los gritos,
y en los cuerpos de islas náufragas que se hunden.

Para eso fueron hechas
para habitar el centro de todos los vacíos.

A esta hora la luna duerme en los arrecifes.
Todavía hay barcos o hay yolas –da lo mismo–
hay peces y puertos calcinados,
hay mar y sal y olas en constante movimiento.

Falta la corriente de Orishas y Zemíes
lamiendo las riberas
para augurar el retorno de Tayno/Muntu, triunfante.

III

En el fondo de sus aguas
los muertos no hablan
no bailan
no se ríen de su muerte
no recuerdan su vida.
Al margen de la amnesia,
con la cabeza henchida de ocasos y equipajes
no saben quienes fueron
y buscan en la periferia del mar un gancho,
alguna longitud que persevere en ellos.

Desde esa arista observan lo figurativo
—el ojo ajeno del arte y los poemas que su yola inspira—
Los anuncios que no entienden la herejía del llanto,
la ironía que divulga su canto migratorio y esencial
—incurable y olímpico—

La noche crece entre sus labios húmedos de mar
sus sueños descansando entre pálidas algas
—como pálidos son sus huesos—

Concentrados en un campo de mar
su ataúd es una yola, empujada todavía
por el temible eco de otro tiempo: "Arbeit macht frei."
        "El trabajo los hará libres."

IV

Más mar el mar
y más muerte la muerte
desde sus orillas
20 ñáñigas
alimentando una misma esperanza
que estalla bajo el agua
20 claveles rojos
20 azucenas blancas
una por cada uno
de los que emprendió el viaje
una por cada uno
de los que abrigó la esperanza
una por cada uno
de los que se lanzó de cara al mar
soñando continentes
más allá del Caribe,
que enojado
balancea la yola
en la punta de su lengua
y les reclama en olas
rastrillando en el aire —peligrosas—
20 congos
y una barca —hecha de cualquier cosa—
¿quién sabe de hambre o de escasez?
¿quién sabe de habitual desesperanza?
¿y quién sabe del mar, invitando a morir,
echando furias?

20 razones llamando a la aventura
20 Eleguás
cerrando los caminos
deteniendo en el mar la sombra de su sombra
que se enroló a morir en el negro oleaje
20 claveles rojos
20 azucenas blancas
para las 20 ñáñigas
para los 20 congos

soñando
        con llegar

                a Ílè Ífé,

la inalcanzable.

V

En el tercer hemistiquio de la memoria,
donde guardo la piel de mis ternuras
hay rugidos de mar y osamentas de espumas.

Esta es la certidumbre
todo lo envuelves tú, viejo mar de las Antillas,
todo lo abarcas.

Una espada de ángel hace trizas
la frágil realidad que me rodea.

Sin luz de tus arenas,
me entrego al dolor del desarraigo
incrustado en mis costillas.

Me crecen palmeras
uvas de playa
y caracolas
en el vientre.

Esta foto, es el momento de la creación
que nos distancia y nos exhibe,
en ella,
tú eres semilla de mis huesos
yo,
soy la poeta de perfil
que te piensa.

IV
EPÍLOGO

Necesito incorporar un misterio para devolver un secreto, una claridad que pueda compartir.

—José Eugenio Cemí

MAR EN LOS HUESOS

> *Sin cuerpo acongojado, trémula el alma...*
> —Evaristo Ribera Chevremont

I
Si pierdo la batalla,
quiero que guarden mis cenizas
en la cajita labrada de la abuela.

II
Llévenme allí, donde ya saben.
A Él quiero volver, definiendo
en la pura transparencia de sus aguas
mis sombras,
y las sombras de escualos y arrecifes,
su lengua acariciando el fijo litoral de mi memoria,
llamándome a la entrega
llamándome sin tregua a sus orígenes
—la luna que miraban los caldeos, la brújula incesante,
el astrolabio, la conquista de reinos por la fuerza
inmortal de su tridente, el peso de tesoros en balanza—
llamándome, llamándome al origen, es decir,
a las algas escondidas en las ingles donde sólo su gesto
podría recogerlas sin error en mis cenizas
—suma de mi yo ausente—
vaciadas por la lluvia en sus riberas.

III
Mañana, ¿quién puede predecirlo?
acaso seré en sus aguas, río, océano, mar muerto
o mar de muertos
¿con quién será mi encuentro?
¿tal vez los Naguacokios?
¿acaso mis ñáñigas abuelas?
¿Será Ofelia, será la desconocida del Sena?
¿o encontraré en sus aguas náufragos de otras islas
marcando las voraces estaciones,
de este íntimo viaje a sus adentros?

IV
Quiero volver al corazón del viejo mar de las Antillas
dormir entre sus aguas, entregadas mis formas
que sólo junto a Él son verosímiles.
La perfecta ecuación: la perla azul dormida
en la infinita suma de su espacio
donde puedo llamarle mar azul o azul mar
o sólo mar, mar, mar, mar
y en cada monosílabo su nombre cambia.
Es esta la oculta matemática de encuentros
espejismos del hueso contra el hueso hecho cenizas
donde Él y yo,
somos lo exacto
en unidad creciente.

V

Llévenme en la cajita labrada de la abuela
a buscar los poemas ocultos en su seno
a dejar que mis cenizas
irrumpan de repente en su garganta.
Y ría con mi risa de poeta feliz el viejo mar Caribe
y devuelva el resto de sus muertos a la orilla
—porque sí—
porque es hermoso el músculo y el seno
el plenilunio en convulsión, la sal, la planta,
el fémur, la nostalgia,
un latido dichoso de cenizas y el aroma celeste
de un pez y de un suspiro.

VI

Perpetua habitará mi vida en su memoria
agua pasando y pasando
de un poeta a otro en cada estirpe;
mi gratitud en los andamios de su espuma
que no termina
que no termina
que no termina.

ÍNDICE

I

KÚ / TEMPLO 1

II

AWA / ALMA 29

III

BAGUA / OMI / MAR 51

IV

EPÍLOGO 61

AGRADECIMIENTOS

AGRADEZCO profundamente a Edwin Miner Solá por compartir su amplio conocimiento de la cultura Taína y por su invaluable *Diccionario taíno ilustrado*, a la doctora Marta Moreno Vega por compartir su amplio conocimiento de la Santería y las aportaciones de la cultura africana al Caribe, así como por sus invaluables libros *The Altar of My Soul* y *When The Spirits Dance Mambo*. Agradezco además a la pintora Elsa Muñoz por acceder bondadosamente a que su magnífica obra, *Seascape in Silver*, sirviése como portada a esta edición y a los poetas y profesores: Rojo Córdova, Silvia R.Tandeciarz, Teresa Longo y Natalia López Vigil por sus apreciaciones críticas que sirven de introducción a este poemario.

Datos biográficos

Juana Iris Goergen. Poeta y profesora. Enseña literatura latinoamericana en Chicago (Universidad DePaul) donde además es directora de español y coordinadora de la pedagogía para estudiantes de herencia hispánica, en el Departamento de Lenguas Modernas. Su labor académica incluye publicaciones de artículos y libros de crítica literaria, entre los que figuran *Literatura fundacional americana* (España 1993). Su labor poética incluye *La sal de las brujas* (finalista del premio Letras de Oro y publicado por Betania 1997), *La piel a medias* (2001), *Las Ilusas* (2008) y poemas publicados en antologías, la más reciente *LaTinusa* (México, 2016). Tiene inéditos los poemarios *La celda de Lilith* y *Requiem al sueño americano*.

Título/Title: Mar en los Huesos
Autor/autor: Juana Goergen
Arte en la portada: Elsa Muñoz: Pintora mexico-americana,
nacida en 1983 en Chicago, Illinois.
La obra de portada se titula: Seascape in Silver: 40"X 54" oil on
panel/óleo sobre tabla, 2014
Editor: Miguel López Lemus (Editorial Pandora Lobo Estepario)

EDITORIAL
Pandora Lobo Estepario Productions
http://www.loboestepario.com/press
Chicago/Oaxaca
2017

www.ingramcontent.com/pod-product-compliance
Lightning Source LLC
Chambersburg PA
CBHW032051040426
42449CB00007B/1068